Inhalt

Die maritime Wirtschaft in Deutschland

Kernthesen

Beitrag

Fallbeispiele

Weiterführende Literatur

Impressum

Die maritime Wirtschaft in Deutschland

I.Zeilhofer-Ficker

Kernthesen

- Getrieben von der Globalisierung der Handelsbeziehungen sowie dem verstärkten Markteintritt von Schwellenländern in Asien und Osteuropa weist der Weltseehandel beträchtliche Steigerungsraten auf.
- Die Seeschifffahrt unter deutscher Flagge wird über Steuernachlässe sowie die Senkung der Lohnnebenkosten gefördert.
- Dadurch soll dem Mangel an deutschem Fachpersonal entgegengewirkt und das seemännische Wissen und Können in Deutschland bewahrt werden.
- Den Kapazitätsengpässen vor allem im

Containerverkehr wird mit Schiffsneubauten sowie Investitionen in Hafen-Infrastruktur entgegengesteuert.

Beitrag

Die Bedeutung und Entwicklung der Seeschifffahrt

Spricht man über Logistik oder Gütertransport, so meint man in den meisten Fällen die LKW-Transporte. Die Bedeutung der maritimen Wirtschaft für die Europäische Gemeinschaft und die BRD wird dagegen oft unterschätzt. Dabei werden rund 90 Prozent des externen und 41 Prozent des internen Handelsvolumens der EG mit Seeschiffen abgewickelt. Rund ein Viertel der weltweiten Handelsschiffsflotte - fast 9300 Schiffe - laufen unter EU-Flagge mit steigender Tendenz. (1), (5)

Der Anteil an Handelsschiffen, der unter deutscher Flagge betrieben wird - rund 500 - ist verhältnismäßig klein, obwohl über 2500 von der BRD aus bereedert werden. Da man vor allem den Verlust des seemännischen Wissens und Könnens befürchtet, sind in den letzten Jahren umfangreiche

Fördermaßnahmen beschlossen worden, die den Trend zur ausländischen Flagge und nichtdeutschem Personal umkehren sollen. (2), (3), (4)

Die Globalisierung und die damit verbundene Verlagerung von Produktionsstätten nach Fernost bzw. die Lieferantensuche rund um den Globus haben dem Seehandel einen beträchtlichen Aufschwung bereitet. Vor allem die Steigerungen des Containerverkehrs - in 2004 fast 15 Prozent - verdeutlichen diesen Trend. Auch für die nächsten Jahre wird weiter mit Wachstumsraten bis zu zehn Prozent gerechnet und die Auslastungsquote der Handelsschiffe, die sich für die Jahre 2004 und 2005 um die 100 Prozent bewegt, wird sich auch weiterhin trotz vermehrter Neubauten sehr positiv entwickeln. (2), (4), (6)

Mehr als 100 Millionen TEU (=Twenty foot equivalent unit = Standardcontainer, Normlänge 6,3 m) wurden in 2004 über die Meere verschifft. Die Vollauslastung der verfügbaren Kapazitäten führte zu höheren Frachtraten, was den am Seefrachtverkehr Beteiligten gute Umsätze und Gewinne bescherte. Allein in Deutschland haben durch die Seeschifffahrt rund 300 000 Menschen einen Arbeitsplatz, dazu kommen weitere 20 000 Beschäftigte auf den deutschen Werften. (7), (8), (9)

Sogar von den Politikern wurde mittlerweile die Bedeutung der maritimen Wirtschaft für die BRD erkannt. Unterstützung, vor allem beim Ausbau der Hafenkapazitäten, die weltweit an ihre Grenzen zu stoßen scheinen, sowie bei der Durchführung von weiteren Ausbauten für den Hinterlandverkehr wurde anlässlich der Vierten Nationalen Maritimen Konferenz im Januar in Bremen von höchster Stelle zugesagt. (8)

Das maritime Bündnis

Noch vor wenigen Jahren sah es nicht besonders gut für die deutsche Seeschifffahrt aus. Besonders der Fachkräftemangel sowie unsere kostenintensiven Sozial- und Tarifbestimmungen trieben die Reeder zur weitgehenden Ausflaggung der Handelsschiffe. Mit dem maritimen Bündnis zwischen der Bundesregierung und dem Reederverband wurde 1999 die Basis geschaffen, um Handelsschiffe unter deutscher Flagge wieder wettbewerbsfähig zu machen, sowohl im Hinblick auf wirtschaftliche als auch auf beschäftigungspolitische Aspekte. (10)

Seit 1999 können Reeder, die ihre Schiffe unter deutscher Flagge betreiben, zwischen der ertragsabhängigen Besteuerung und der

Tonnagesteuer wählen. Bei der Tonnagesteuer müssen nicht die tatsächlichen Gewinne versteuert werden, sondern es wird pro Tag und Schiffstonnage ein fiktiver Gewinn angesetzt, der der Einkommensbesteuerung unterliegt. Diese Tonnagesteuer hat sich als wirkungsvoller wirtschaftlicher Anreiz zur Rückbeflaggung bewiesen. (11)

Schiffe unter deutscher Flagge unterliegen aber auch der Schiffsbesetzungsordnung, nach der mindestens der Kapitän die deutsche Staatsangehörigkeit haben muss. Die Schiffsoffiziere können aus dem gesamten Europäischen Wirtschaftsraum kommen. Allerdings bezuschusst der Bund die Lohnnebenkosten nur für deutsche Kapitäne und Offiziere mit Beträgen von bis zu 16 700 Euro jährlich. Dieser finanzielle Ausgleich soll die Wettbewerbsfähigkeit von deutschem Personal zu dem aus Billiglohnländern herstellen. Denn durch die faktische Globalisierung des maritimen Arbeitsmarktes sind billige ausländische Fachkräfte problemlos zu bekommen. (3), (11), (12)

Die Fördermaßnahmen aus dem maritimen Bündnis fangen langsam an zu greifen. 45 Schiffe wurde in 2004 bereits zurück unter deutsche Flagge gestellt, weitere 110 Rückflaggungen sind für 2005 geplant. Denn auch für die Reeder rechnet es sich mittlerweile wieder, mit deutscher Führungscrew zu arbeiten.

Niedrigere Unterhalts-, Reparatur- und Versicherungskosten sowie die höhere Zuverlässigkeit machen die trotz Bezuschussung immer noch hohen Personalkosten wett. (10), (13)

Das wichtigste Ziel des maritimen Bündnisses aber ist die Ausbildung von deutschen Fachkräften für die Schifffahrt. Nicht selten scheitert eine Rückflaggung an dem Mangel von entsprechend qualifiziertem deutschen oder europäischen Fachpersonal. Dazu kommt, dass rund 3500 nautische und technische Offiziere, darunter allein 500 Kapitäne in den nächsten Jahren in den Ruhestand gehen und ersetzt werden müssen. Ausbildungsplätze sind deshalb dringend von Nöten, um das seemännische Wissen und Können in Deutschland zu bewahren. (5), (10), (11)

So wirbt die Marine und der Verband Deutscher Reeder in ganz Deutschland für eine Ausbildung auf See. Die Jobaussichten sind gut, auch für weibliche Aspiranten. Jeder nautische Studienabgänger kann unter 500 bis 600 Stellenangeboten auswählen und die Verdienstmöglichkeiten sind entsprechend gut. (5)

Häfen an der Kapazitätsgrenze

Das Transportaufkommen wird also in den nächsten Jahren weiter wachsen, neue Schiffe zur Bewältigung der Transporte sind im Bau aber sowohl in den USA, in Asien und Europa stoßen die Häfen zur Abwicklung der Gütermengen an ihre Grenzen. Ebenso mangelt es am Ausbau der dringend notwendigen Hinterlandverkehrssysteme. Wartezeiten in den Häfen sowie LKW-Staus an den Gates und Zufahrtsstraßen sind die Folge. (7), (14)

In den deutschen Häfen wird deshalb kräftig ausgebaut. Die Terminals in Hamburg, Bremerhaven und Wilhelmshaven werden erweitert, Umschlagkapazitäten erhöht. Mit Großkränen hofft man für die künftigen Ozeanriesen gewappnet zu sein. Hamburg setzt beim Hinterlandverkehr auf den Schiene. Ein neuer Containerbahnhof mit elf rund 600 Meter langen Gleisen soll von 2006 an einen Großteil der umgeschlagenen Containerlieferungen auf das Hinterland verteilen. (7), (14), (15)

Fallbeispiele

Das maritime Bündnis zeigt Wirkung. 45 Schiffe sind in 2004 rückgeflaggt worden, weitere 110 sind für 2005 geplant. Mit 540 neuen Ausbildungsverträgen konnten die deutschen Reeder die Ausbildungsrate um 35 Prozent gegenüber 2003 steigern. (17)

Hamburg ist bestrebt, mit dem Wachstum im Containerverkehr Schritt zu halten. Bis 2009 sollen deshalb rund 746 Millionen Euro Sonderinvestition in den Hafenausbau fließen. Damit die durch das hohe Güterumschlagsaufkommen notwendigen Lager- und Logistikdienstleistungen möglichst vor Ort erbracht werden können, hat die Stadt Hamburg in den letzten Jahren rund 170 Hektar Ansiedlungsflächen für Logistikdienstleister ausgewiesen. 3600 Arbeitsplätze sind dadurch entstanden. (18), (19)

Hapag-Lloyd möchte dem wachsenden Containerverkehr durch den Ausbau der Transportkapazitäten gerecht werden. Bis 2008 wird Hapag-Lloyd 10 neue Containerschiffe in den Dienst stellen. Drei davon sind als "Container-Jumbos" in der Lage, bis zu 8600 TEU zu transportieren. (20)

Die Hamburg-Süd-Reederei plant für die nächsten vier Jahre Investitionen von rund 800 Millionen Euro. Auch Hamburg-Süd will seine Flotte an Schiffen vergrößern, ein Großteil dieser Investitionen soll aber auch in zusätzliche Container fließen. Hamburg-Süd will im Rahmen von Rückflaggungsvorhaben die Ausbildungsplätze auf über 20 mehr als verdoppeln.

(21)

Weiterführende Literatur

(1) O. V., EU-Reederverband: Förderung bleibt wichtig, DVZ Deutsche Verkehrs-Zeitung, Nr. 125, 21.10.2004
aus BA Beschaffung aktuell, Heft 12, 2004, S. 30

(2) O. V., Reeder auf der "sicheren Seite", DVZ Deutsche Verkehrs-Zeitung, Nr. 017, 10.02.2005
aus BA Beschaffung aktuell, Heft 12, 2004, S. 30

(3) Wörnlein, Peter, Gefördert wird der deutsche Seemann, DVZ Deutsche Verkehrs-Zeitung, Nr. 009, 22.01.2005
aus BA Beschaffung aktuell, Heft 12, 2004, S. 30

(4) Containermarkt boomt - Rekord bei Neubauaufträgen - Zunehmender Mangel an qualifiziertem Personal Seeschiffahrt hält Wachstumskurs
aus Die Welt, Jg. 59, 03.12.2004, Nr. 284, S. 37

(5) Frauen haben bei Marine und Handelsschiffahrt gute Chancen Kapitänin - Ahoi!
aus Die Welt, Jg. 59, 04.12.2004, Nr. 285, S. B2

(6) O. V., Containerverkehr wächst 2004 wieder zweistellig, DVZ Deutsche Verkehrs-Zeitung, Nr. 126, 23.10.2004

aus Die Welt, Jg. 59, 04.12.2004, Nr. 285, S. B2

(7) Riess, Manfred, Zur Kooperation verurteilt, DVZ Deutsche Verkehrs-Zeitung, Nr. 344, 04.12.2004
aus Die Welt, Jg. 59, 04.12.2004, Nr. 285, S. B2

(8) KONFERENZ Regierung sieht Wachstumschancen für die maritime Industrie. Rekord beim Transport von Containern. "Die Häfen sind Jobmaschinen"
aus Hamburger Abendblatt, Jg. 58, 26.01.2005, Nr. 21, S. 24

(9) Pentsy, Thomas, Für Chinas Schiff- und Hafenaktien wird der Wellengang höher, Finanz und Wirtschaft, 19.02.2005, S. 36
aus Hamburger Abendblatt, Jg. 58, 26.01.2005, Nr. 21, S. 24

(10) Wörnlein, Peter, "Die deutsche Flagge rechnet sich", DVZ Deutsche Verkehrs-Zeitung, Nr. 009, 22.01.2005
aus Hamburger Abendblatt, Jg. 58, 26.01.2005, Nr. 21, S. 24

(11) O. V., Mit der Schifffahrtsförderung verfolgt die Bundesregierung zwei verschiedene Ziele, DVZ Deutsche Verkehrs-Zeitung, Nr. 009, 22.01.2005
aus Hamburger Abendblatt, Jg. 58, 26.01.2005, Nr. 21, S. 24

(12) Für Seemänner bleibt kaum noch Zeit zum Träumen

aus Versicherungswirtschaft, 1.1.2005, 60.Jg., Nr. 01, S. 93

(13) O. V., Rückflaggungen sind Win-Win-Situation, DVZ Deutsche Verkehrs-Zeitung, nr. 017, 10.02.2005
aus Versicherungswirtschaft, 1.1.2005, 60.Jg., Nr. 01, S. 93

(14) Hollmann, Michael, Mit Globalisierungstempo überfordert, DVZ Deutsche Verkehrs-Zeitung, Nr. 124, 19.10.2004
aus Versicherungswirtschaft, 1.1.2005, 60.Jg., Nr. 01, S. 93

(15) STARTSCHUSS für neuen Containerbahnhof. Das größte Investitionsprogramm in der Geschichte der HHLA hat begonnen. 800 Millionen für den Hafen
aus Hamburger Abendblatt, Jg. 57, 30.11.2004, Nr. 281, S. 24

(16) Lemper, Burkhard, Erfreulich stabile Perspektive, DVZ Deutsche Verkehrs-Zeitung, Nr. 344, 04.12.2004
aus Hamburger Abendblatt, Jg. 57, 30.11.2004, Nr. 281, S. 24

(17) O. V., Deutsche Flotte wächst, Bonner General-Anzeiger, 22.01.2005, S. 28
aus Hamburger Abendblatt, Jg. 57, 30.11.2004, Nr. 281, S. 24

(18) O. V., 746 Mio. EUR für den Hafen, DVZ Deutsche Verkehrs-Zeitung, Nr. 014, 03.02.2005

aus Hamburger Abendblatt, Jg. 57, 30.11.2004, Nr. 281, S. 24

(19) Gut positioniert in einem wachsenden Markt Hamburger Hafen baut Logistikkompetenz konsequent aus
aus F+H, Fördern und Heben, Heft 12, 2004, S. 748

(20) Flotte der Hamburger Traditionsreederei wächst bis 2008 um insgesamt zehn Neubauten auf 61 Containerschiffe Hapag-Lloyd bestellt drei Riesenfrachter
aus Die Welt, Jg. 60, 08.01.2005, Nr. 6, S. 38

(21) O. V., Hamburg Süd will 800 Mio. EUR investieren, DVZ Deutsche Verkehrs-Zeitung, Nr. 002, 06.01.2005
aus Die Welt, Jg. 60, 08.01.2005, Nr. 6, S. 38

Impressum

Die maritime Wirtschaft in Deutschland

Bibliografische Information der deutschen Nationalbibliothek

Die Deutsche Nationalbibliothek verzeichnet diese Publikation in der deutschen Nationalbibliografie; detaillierte bibliografische Daten sind im Internet über http://dnb.d-nb.de abrufbar.

ISBN: 978-3-7379-1044-6

© 2015 GBI-Genios Deutsche Wirtschaftsdatenbank GmbH, Freischützstraße 96, 81927 München, www.genios.de

Alle Rechte vorbehalten. Dieses Werk ist einschließlich aller seiner Teile – z.B. Texte, Tabellen und Grafiken - urheberrechtlich geschützt. Jede Verwertung außerhalb der Grenzen des Urheberrechtsgesetzes bedarf der vorherigen Zustimmung des Verlags. Dies gilt insbesondere auch für auszugsweise Nachdrucke, fotomechanische Vervielfältigungen (Fotokopie/Mikroskopie), Übersetzungen, Auswertungen durch Datenbanken oder ähnliche Einrichtungen und die Einspeicherung und Verarbeitung in elektronischen Systemen.